ΑΪΛΟΥΡΟΣ

Григорий Стариковский

Левиты и певцы

AILUROS PUBLISHING
NEW YORK
2013

Grigory Starikovsky
Levites and Singers

Ailuros Publishing
New York
USA

Подписано в печать 12 марта 2013 г.

Художник обложки — Ирина Глебова.
Редактор — Елена Сунцова.

Прочитать и купить книги издательства «Айлурос» можно на его официальном сайте:
www.elenasuntsova.com

ISBN 978-1-938781-09-4

Гр. Старилов

Владимир Гандельсман

Стихи неизвестного солдата

Как-то дзенского наставника Сэттана пригласили в монастырь, чтобы он выступил с беседой об одном классическом сочинении. На беседе присутствовал знатный самурай этой провинции, сидевший за ширмой. Когда Сэттан начал говорить и увидел ширму, он закричал: «Что это за нахал слушает из-за занавески? На моих беседах нет ошметков, так что нет нужды и в сите. Пока вы не уберете отсюда эту корзину для просеивания, никакой беседы не будет».

За ширмой сидит подслушивающее сознание, склонное обсудить, оспорить, пропустить через сито... Но у Сэттана, как и у великой поэзии, нет ошметков, потому вся эта рвущаяся в бой «критика» напрасна. Воду, тем более живую воду, в решете подслушивающего сознания не носят, а цельное и неоспоримое событие поэзии подразумевает столь же абсолютное слушание.

Уровень поэта-современника мы распознаем по степени серьезности его намерений стать достойным Сэттана. В русской поэзии найдется десятка два поэтов (более или менее одни и те же имена для всех, кто исповедует поэзию), которые играют роль дзенского наставника.

Читая Григория Стариковского, я, как и при чтении любого значительного для меня автора, вспоминал имена прославленных предшественников, с которыми он перекликается, и прежде всего Осипа Мандельштама, с его содержательной свободой ассоциаций, с неотделимыми друг от друга звуком и смыслом, с голосом, обретающим плоть и кровь, овеществленным голосом, который преодолевает физическое отсутствие говорящего, доказывая верность догадки «быть может, прежде губ уже родился шепот» по другую сторону, в посмертном существовании поэта.

> нет имени, и хорошо, что нет,
> зачем оно, когда вокруг поют...

Так могли бы звучать стихи неизвестного солдата, тем более, что:

> и я живу неслышно, как солдат —
> неустрашимый, оловянный брат,
> который, расстреляв запас драже,
> вернется в снег, и снег пошел уже.

Неизвестный солдат — это солдат, который служит верой и правдой себе. Сам себе отдает приказ, сам выполняет, и кажется иногда, что все это не вполне в его воле, потому что будь его воля (вольная), он, возможно, пропал бы без вести.

> …здесь ничего меня уже не держит.
> по городу оплавленному вплавь
> перемещаюсь лодочкой настольной,
> направь меня, куда-нибудь направь,
> скажи хоть слово, но и это — больно.

Неизвестный солдат — это тот, кто положил камень в изголовье — «и взял один из камней того места, и положил себе изголовьем, и лег на том месте» (Бытие, гл. 28):

> …на короткую ночь, чтобы выспаться,
> он под голову камень кладет.

В нашем случае — это, конечно, и «Камень» Мандельштама. Впрочем, он заложен в фундамент всей последующей поэзии, и среди прочих «камней» — не последний.

Г. С. — поэт горячий, мир ему не дан, а причинен. Иней у него горький, вода мучительна, река слезится, свет пыточный, у темноты свинцовая слюна, тело ледовитое, а поезд идет из междуреченска в соликамск, не меньше. Но зато и ветвь — золотая, взор — голубиный, полет — нестесненный, сон — заповедный, давность — кристаллическая и песнь — тростниковая.

Человек у Г. С. — на грани исчезновения, то есть в самом естественном своем состоянии, и с какой ясностью и быстротой он оказывается на этой грани!

> прямизна поступка — электричка:
> сел, уехал, в прошлом не жилец…

Или так:

> обмотали голову шерстяным шарфом,
> и отправили в путь воробьем катулла…

Человек у Г. С. — на грани рождения, и правильнее и благословеннее, чем это, нет состояния. Оно сердечно и понятно, как понятна рабочая усталость, которая дарует просветление в конце дня.

> …так и сидишь, пока, безгласую,
> не изведет ребенок ласкою
> ревнивой, не вдаваясь в тонкости
> негромкости твоей и робости.

Поэзия пишется силой любви и — в силу любви. А любовь — это обостренное переживание реальности, точнее, сама реальность, в которой нет зазора между видящим и видимым, — удвоенная реальность. Что говорят любящие, соединяясь в одно? «Да, да, да», — вот что они говорят. В поэзии эта непрерывная декларация утверждения заводит разумное слово в тупик, потому что слово, сколь бы ни преуспевало в своей разумности, тут же становится преградой к постижению того, что должно быть прояснено. Картина, как стекло, моментально затуманивается дыханием. Но для того и существуют обыкновенные слова в необыкновенном порядке, которые не затуманивают окно, а — по метафоре Хармса — его разбивают. В конце концов, поэт в своем стихотворении есть порождение события реальности, и потому — его единственное доказательство. Это истина в последней инстанции, которая никому не навязывается, всякий волен принять или не принять ее на веру.

Конечно, это книга о слове, и страстность Г. С. связана прежде всего с «появлением ткани», с возможностью и невозможностью слова. Верность неизвестного солдата себе равносильна его вере в слово.

> только слово, слово тебя спасет,
> сбереги его, как самое дорогое…

Но страстность не была бы собой, если бы не приводила к ощущению недостаточности, к мысли о том, что ты всего лишь переводчик с подлинного (и «надсловесного») на язык поэзии. Не случайно книга заканчивается стихотворением «переводчик».

> как *быть*, если быть невозможно собой? до трухи
> себя измолол в переводе с чужого на хлесткий,
> на что ты, алхимик, надеешься с красной строки,
> когда попадаешь опять в подголоски?

Речь здесь идет не только и не столько о работе переводчика в буквальном смысле, сколько о поэтической работе произнесения слов.

Тут, пожалуй, уместно будет сказать вот что. Г. С. не понаслышке знает античную поэзию, он переводит с древнегреческого и латинского, а потому строгая метрика при отсутствии рифмы органична для его стихов. Я бы сказал точнее: отсутствие рифмы заметно с каким-то запаздыванием, словно бы тебя окликнули, но ты расслышал не сразу, а через несколько шагов. Дальше еще любопытней: ты оглянулся, но никого не увидел. Как не было рифмы, так и нет. Тем не менее эффект кажущейся рифмы несомненен. Это устройство замедленного действия, которое срабатывает не так, как мы привыкли. Если рифмованный стих на рифмах взрывается и достигает мгновенного эмоционального результата (по определению Пруста: «...тирания рифмы заставляет хороших поэтов достигать совершенства»), то здесь стихотворение словно бы раскаляется ожиданием отложенного взрыва.

В русской поэзии с помощью кажущейся рифмы ворожил Вагинов, тоже льнувший к античности, и эта рифма как нельзя лучше подходит к Петербургу и, в частности, к гипнотическим сеансам петербургских белых ночей, в которых есть покой и прозрачность, но у Г. С. — по-другому, по-своему, а *как именно* — читатель увидит и услышит, если не будет сидеть за ширмой.

Я же убежден, что тот неизвестный солдат, который «под голову камень кладет», в своей яростной вере завоевал свое имя: Григорий Стариковский.

> не жалуйся на одиночество,
> на медленность и умирание,
> есть в облаках такое зодчество,
> которое — почти отечество
> для всех живущих. до свидания,
>
> до нового, до надсловесного...

7 марта 2013

* * *

нет имени, и хорошо, что нет.
зачем оно, когда вокруг поют,
когда в лесу то флейта, то кларнет
проснется и опять уйдет под снег.
о жак-простак, куда как прост твой путь,
пойдешь на свет, свернешь куда-нибудь,
увидишь то, чего на свете нет,
согреешься или уйдешь под снег.
и я живу неслышно, как солдат —
неустрашимый, оловянный брат,
который, расстреляв запас драже,
вернется в снег, и снег пошел уже.

* * *

сегодня душно, змейка спит под камнем,
взмывает ястреб, а потом садится
на дерево, где нет прямого солнца,
отсюда я сбежал бы, но куда мне.
наобещали утреннюю свежесть,
а получилось, будто щеки лижет
овечье стадо — так тепло и нежно,
здесь ничего меня уже не держит.
по городу оплавленному вплавь
перемещаюсь лодочкой настольной,
направь меня, куда-нибудь направь,
скажи хоть слово, но и это — больно.

* * *

кто карабкался ночью по лестнице,
не к девице, а дальше наверх,
тот, наверно, уже не излечится,
отдуваясь за всех.
в это небо, готовое к холоду,
он глядит, как любимый слуга,
для него расступается облако
и слезится река.
там, где утки живут рядом с лисами,
где из падали делают мед,
на короткую ночь, чтобы выспаться,
он под голову камень кладет.

раковина

н.

это выцветший парк, палый лист притворился короной,
это пыточный свет, на две жизни от нас удаленный,
это свет над водой — то, что знает лишь зренье, в конечном
обнищаньи, когда ничего от тебя не излечит.
назови, сокровенная, сон, где с тобой не встречались,
брали снег напрокат и в промерзлом подъезде качались,
и ходили в театр посмотреть на убитого принца.
что осталось от нас? рукава, рукава, рукавицы...
чуть с ума не сошел, от тебя уплывая в начале,
почему же опять ухожу под прямыми лучами
золотого руна, распыленного в утреннем свете.
кто ответит за нас? за себя мы уже не в ответе.

* * *

памяти о. в.

на жаре живешь, наугад горишь...
оплывает день на платформе *темь*.
человек всегда выбирает мель,
выбивает восемь из десяти,

говорит себе — *мы живем в раю,*
по субботам водит детей в кино,
уезжает куда-нибудь отдохнуть,
искупаться в море, набраться сил.

человек знает твердо, в какой трамвай
нужно сесть, чтоб доехать до новых дней.
он не любит, когда припускает дождь,
потому что он — пепел и соль земли.

потому что иначе он — не жилец,
оборвется, как соловьиный свист,
как вечерний поезд, идущий из
междуреченска в соликамск.

*   *   *

человек ныряет в прорубь,
притворяется рекой.
человека помнит голубь,
сизый голубь городской.

человек плывет залетный
и ногами бьет об лед,
потому что лед холодный,
потому что лоб болит.

темнота течет за ворот,
льет свинцовую слюну.
человека мучит холод,
человек идет ко дну.

только вздрагивает донка,
будто смерти вещество,
а другой в зеленой лунке
видит брата своего.

* * *

говори мне что-нибудь, говори,
успокой как следует, успокой
колокольцем серебряным до зари,
язычком серебряным за щекой.

что земля теперь расползлась как зыбь,
что пустячная не дается песнь,
в этом, милая, не виноват никто —
слева-справа сплошная топь.

подари мне сумерки, тусклый шелк
тополиных всхлипов и длинную жизнь горы́.
шелести мне что-нибудь, шелести,
чтобы я не совсем умолк.

квебек

под натиском ветра, под дождиком рваным
продрог, как собака, брезент павильона;
мостки разметало, и катер картавит, припаян
к вороньему мясу реки, ударяющей в бубен.

и то, что осталось от кровельных плясок
июльского ливня, хватает, конечно, на ужин
с вином из кленовой бутыли, осиновой лаской
в церковной ограде, о боже, как дождь этот нужен

и сладостен ветер в слепой колокольне,
начинка его из валторн и кларнетов тягучих,
где раньше саднило, там больше ни капли не больно,
где жгло по живому, там лучше становится, лучше.

* * *

прямизна поступка — электричка:
сел, уехал, в прошлом не жилец.
я сейчас тщедушнее, чем спичка,
властелин распаянных колец.

электричка, пьяная сестричка,
увези в паленое лито,
где полынью пахнет перекличка
мертвецов, убитых ни за что.

где-нибудь на станции кандальной
выпусти, железная змея,
в сломанную жизнь, на берег дальний,
там хвостом виляет сырдарья,

и, как пелось в песне заповедной,
где про кобылицу и ковыль,
по степи несется всадник медный
и глотает лагерную пыль.

голова олоферна

никуда, голова, не денешься из мешка,
не видать отрубленной маршброска.

тут юдифь поработала, ювелирный труд,
это дело пухленьких белых рук.

пировала с тобой, а потом — раз-два,
покатилась черная голова.

покатилась армия на восток,
ну, а ты раскаленный глотай песок.

* * *

как сочетание отчаянья
с движением, и зелень кружится
по краю озера, удавка волглая,
темно и заживо.

как расстояние от шороха
до — оползня и обнуления,
тебя зовут сейчас, но где же ты,
дорожка лунная?

и переклинивает ясени
смещенье ночи, отвердение
звезды́ над нами... боже фосфорный,
велосипедный шлем из терния.

комедия ошибок

танец, когда самолет на посадку заходит
и выпускает шасси над открытым театром,
за руки взявшись, пляшут хозяйка с сестрицей,
гром тарантеллы в проплешинах горького света.

время, оно — лысовато, — слуга заявляет развязно
и получает в ответ — *бездельник, колпак* — оплеуху;
сборище пестрых заплат, актер искривлен, как креветка,
дромио ломит свое, выражается метко.

ах, каплуна подпалили... кухарка похожа на карту:
франция на подбородке; там, где шотландия, голо,
два сумасброда на сцене стоят, и не скажешь,
кто же эфесского здесь представляет собой антифола.

все перемешано, некуда ставить заплату,
кто там летит? — люциана над сценой летает.
небо изорвано черной клешней самолета,
дромио, дромио, где моя цепь золотая?

климт в венеции

та женщина — двуцветна, шепотлива,
в ней, говорят, гнездится бесконечность,
она, как узловатая олива,
цитирую, не стеснена собой.

от встреч любовных остается шелест
мучительной воды, сухой и мертвой:
флакон граненый, сумасшедший запах,
не пей ее и не смотри назад.

* * *

когда из длинной готовальни
сосновый извлекают циркуль,
и вспрыгивают на него,
как вольтижеры первой конной,
очерчивая полукружья
ноздрями пенных лошадей,
поляки бьются отвлеченно,
они дерутся не за хаты,
а за платона и шопена,
у подхорунжих тонок профиль,
как будто это — абрис моря,
как будто это — профиль мнишек,
как если бы венец алмазный
горел на темени марины,
к которому прильнуть бы сразу
голодным офицерским ртом,
чуть сплющенным овалом лисьим...

*   *   *

Ты должен в глаза ей, Чужой, сказать: будь водой.

Пауль Целан «В Египте» (пер. А. Прокопьева)

как долго я тянулся к ней и взгляд ловил,
и называл ее в глаза — родной своей,
но нет, она была не руфь не руфь,
была — нарыв, во мне горел нарыв.

искал в воде похожий взгляд в воде,
и воду пил, как будто взгляд ее,
плащ наизнанку вывернул...
                     не плачь не плачь.
мы по чужим не плачем по чужим.

как долго я по следу шел я шел под плеск
ее шагов и вслушивался жадно в смех,
ловил сырое слово, но не руфь не руфь —
озерная летела стынь в лицо.

* * *

по тонкости сравнишься с кожурой
байдарочки, качнувшейся нечаянно.
о, косточка плавучая в бульоне
озерной, стрекозиной болтовни.

снуют стрижи над рыбиной амбара,
над остовом в чешуйчатом оплечье.
левиафан проглатывает лодку,
и слава богу, пусть она умрет.

ars poetica

не играй по правилам ни теперь, ни впрок,
пусть их белый хлеб в твоей застревает глотке,
и вином, если это вино нальют они,
подавись, потому что они — ублюдки.

если злости нет, чтоб сказать в лицо:
вы — кунжутный сор, показная плесень,
уходи куда-нибудь, на простор
иль в соседний лес, где ветла и ясень.

выверни плащ, выменяй соль на плеть,
горький мед возьми и скупую малость
родниковых вод, как дерево, что приносит плод.
не растрать того, что еще осталось.

стену строй, пусть крепкой будет твоя стена,
хоронись за ней, как за пазухой у христа,
а они пусть стучат костяшками домино,
над зеленым сукном склонясь.

только слово, слово тебя спасет,
сбереги его, как самое дорогое,
первородство не променяй, родство
соловьиное, плеское, бологое...

* * *

обмотали голову шерстяным шарфом
и отправили в путь воробьем катулла,
ты летишь, задыхаясь, за тихий дон
золотых церквей... холодком подуло.

говорят, что возле большой воды,
в тростниках, во́льно дышится корабелам,
но со всех сторон оказался ты
окружен своим ледовитым телом.

возвращайся оттуда, с площади нежилой,
где развозят холод слепые баржи,
есть, конечно, зазор между болотной мглой
и желанием выйти на берег прежний!

мозговым прозрением отомкни
гробовую дверь залетейской хмари
и наружу выпорхни, как бы ни
остывало то, что тепло вначале.

* * *

и.

как женщина глядит в себя,
глядит и знает, что ей нужно —
муж, дети, дом — примерно так же
я на тебя смотрю и вижу свет
рассеянный, похожий на фонарный,
на звездную, холодную пыльцу,
и понимаю — мне, как воздух, нужен
весь этот свет, идущий от тебя
в меня и сквозь меня — туда, где море
рвет якоря (как будто черный день
уже настал) и хлещет через борт.

* * *

здесь был расплав, теперь — разлом
оливковой породы,
двугорбая торчит гряда,
столбняк ущелья.

здесь рдел разлив, теперь рельеф
зеленовато-черный,
окаменевший караван
покорности дочерней.

заговори мне кровь, отрог,
от каменной болезни.
в базальт запаяны — верблюд,
река, ревекка.

мне холодно среди камней,
как будто город взорван,
и если кто-нибудь придет,
придет за щебнем.

картавит на ветру скала —
невестин профиль.
где твой жених теперь? — в лугах
навстречу вышел.

дания
(келдби, остров мюн)

как золотая ветвь
освечивает лес,
сочись сквозь витражи,
напоминай, ты — есть
один для стен и крыш,
один колышешь рожь,
даруешь и берешь.
разлей по стенам свет,
как мажут мед на хлеб,
как медь кладут на скат
собора, чтоб согреть
твой голубиный взор.

колыбельная

сдохла свеча, мой друг,
негде огня добыть.
дай карандаш, пьеро,
я сочиню стишок.

хлещет подлюга-дождь,
ветер на 100 км,
мой из картона дом
тихо идет ко дну.

не карандаш теперь
нужен, а черпачок,
чтобы спасти, пьеро,
тонущий этот дом

от наводненья и
черных грунтовых вод.
я наберу ведро,
вылью подальше от.

храбрости наберусь
и прокричу дождю:
*что ж ты, такой-сякой,
топишь моих детей?*

дождь мне ответит: *слышь,
не кипятись — построй
лучше из камня дом,
и не потонет он.*

мой из картона дом,
ночью не сплю, встаю
и собираю стынь
черных грунтовых вод.

господи, как смешон
я с черпаком в руке!

в сером глухом ведре
плещет вода ничья.

* * *

боль, закрытая наглухо,
на рыданья скупа,
кристаллической давности
соляная крупа.

есть еще полудетская
боль слезливой смолы,
словно клетка немецкая,
где немеют щеглы.

но иная, нездешняя,
с прошлым видится связь —
отболеть да и выпорхнуть,
рассыпаясь, кровясь.

* * *

смотрю, как дочка лепит птиц из глины
(так повитуха помогает те́льцу
на свет явиться),
разглаживает крылья, наполняет
глаза уменьем видеть, нежно длит
и заостряет клюв, и вот, готова
к полету нестесненному, осталось
поднять ладонь и выпустить — *лети
на все четыре стороны, голубка.*

март

облако падает в озеро и плывет
к дальнему берегу. дует холодный ветер.
летний прокат закрыт на глухой замок,
лодки лежат и водные велосипеды.

не осталось почти ничего от последнего снега.
на соседнем шоссе обновляют разметку.
человек принимает лекарство и открывает книгу.
«джон любит мэри» вырезано на его скамейке.

март — это запах псины, больницы, блуда,
прокисших простынь — всё, что угодно,
только не запах смерти, только не трупный.
каждому дереву снится живая природа.

скоро, скоро джон найдет свою мэри,
чтобы пить вместе пиво, а потом обниматься
на пристани и кататься на водном велосипеде.
все возвращается. все повторится,

написано в книге, — облако, озеро, свежий ветер...
человек прерывает чтение. птица кричит над ним.
он вспоминает жизнь, как будто его уже нет на свете,
и ловит губами воздух, но воздух неуловим.

* * *

спи до утра и не
бойся *туда* смотреть,
где в заповедном сне
вместе нам быть светло.

снится как будто степь,
видишь, впиваясь в даль —
это — твоя ладонь,
это — моя ладонь.

только, из ночи в день
высветив переход,
тень, обнимая тень,
жажды не утолит.

сон, как ладонь, разжав
(надвое делит луч
комнату от окна),
знаешь — уходит ночь,

будит сухим звонком
в дверь, за которой нет
комнаты — целиком
воздух один, рассвет.

вестник

не потому что знаю, зачем живу,
а потому что дерево ввысь растет
и в глубину из себя растет,
и никого не спрашивает, зачем.

облако тоже летает туда-сюда,
и зимородок пегий так лекгокрыл
и незабывчив; остановить его
может лишь море, а здесь — река,

ты бы сказала — тонкий извив реки,
змейкой скользит, отмеряет бег
времени, в море уходит, прочь,
в обморок моря, где соль и стынь.

ты бы сказала, что все равно
ты станешь птицей, а я — рекой.
дерево смолкнет, уснет трава,
заиндевеет гречишный мед...

нет, я не вмерзну в стынь,
я останусь здесь,
не отступлю, путь пролагая вверх,
как родником вода из земли течет
и никого не спрашивает, куда.

просто течет, потому что жива, жива...
впрок тростниковая песнь дрожит,
и расщепленная на лету
ласточка синюю воду пьет.

* * *

это флейта или петли дверные
вдруг так жалостно, трудно запели...
из какого пассажа? ты спросишь.
из военного марша отвечу.

мальчик пьеску играет по нотам
и роняет мелодии мячик,
вытекает из музыки мякоть,
остается невнятность одна.

это шуберт в тифозном ознобе
хрипло стонет *а где же бетховен?*
и, как маленький, плачет под пледом,
и никто не ответит *я здесь*.

ольха

черным ветром скособочена
отряхнувшая тряпье.
здесь, в низине заболоченной,
веток честное нытье.

не скрывая напряжения,
вся, как струнная, стоит.
ка́пель длится натяжение.
мшелость ствольную знобит.

выживая в этом облаке
невесомого дождя,
свой превозмогает обморок
и растет поверх себя.

ради корочки древесного,
желторотого стиха —
морось счастия отвесного,
бренной прели вороха́.

* * *

я был в гостях, там говорили о
литературе (много из того,
что всем известно), словно исполняли
обряд необходимый, но едва ли
один хотя бы знал, что говорит,
а я молчал и только делал вид,
что интересны мне слова, слова —
затейников пустые рукава.
меняя перепевы и обличья,
лилось, как из-под крана, красноречье,
и раскраснелись гости, точно медь,
а я готов был от стыда сгореть
за то, что из гостей уйти не смог,
за то, что вол мне оттоптал язык...
я не умею гладко говорить,
я научился только тихо ныть,
но точно знаю: это вот мое,
как вымокшая улица, нытье,
когда в окне фонарный свет потух,
и на ладонях всходит липкий страх,
и не с кем разделить его, когда
родной сестры родней — в реке вода,
слизь мостовых и голых веток дрожь,
и в зеркале свой дом не узнаешь,
и слышишь сквозь обугленную ночь
товарный поезд, уходящий прочь.
тогда моя душа накалена,
и спит без снов уставшая жена.

утро

побудка, что лодочка, давшая течь.
ты в светлое можешь ли воздух облечь,
и кромку стола, и белье на весу,
нетленное в тихом часу.

вставай же скорей к умыванью, бритью,
к рассветному чуть притираясь житью,
и комнату всю — от угла до угла
сведи воедино и вспомни дотла.

неприбрана с вечера жизнь на заре,
к трудам поднимайся, живущий в норе,
в которой, куда ни протянешь ладонь,
упрешься в свою невеликую тень.

зачем ты опять растираешь, как мел,
сухой электрический свет-пустотел
и думаешь — в этом холодном дому
кому ты подобен? не помнишь кому,

и силой какой от удушья храним...
ты в зеркале ртом отразился кривым:
как взгляд твой несносен, и руки черствы,
и голос, он скошенной тише травы.

минутная стрелка стремится вперед,
готовься на выход, на выполз, ну вот
и ты выползаешь сквозь певчую муть
свою на земле синусоиду гнуть.

* * *

зёрна воздуха шепчут воде — проснись,
ты и так похожа на склеп, вода,
серая у тебя, мышиная в стенку жизнь,
не блистать тебе бабочкой, радугой никогда.

лучше детскою песенкой пузырись,
просветляй по крупице тоскливый век,
водопадом навыворот в облако уплотнись,
чтобы реки вздохнули, мы таких не видали рек,

капитальный тогда получился бы водомет,
только ради этого стоит, водичка, вслух
обнаруживать шариков тесный всход
туда, где витает державина лисий дух.

родные

сполосни руки, не прикасайся к мылу,
не вытирай их, пусть высыхают сами,
я для тебя консервов твоих открыла,
хлеб на столе, помидоры порезаны с огурцами.

что босиком-то ходишь? не по-нашему это,
вернись и тапки надень в прихожей,
ну а теперь на кухню, там все для тебя нагрето;
нет, мы не будем, не голод нас, время гложет,

каждый, пойми ты, с боем берем день, шагом,
о каждого шага усилие спотыкаясь,
того и гляди, с какой-нибудь дрянью слягу,
дед по ночам не спит, высыхает.

помнишь часы, статуэтку на них рахили,
наполеоновские, трофейные, стояли на пианино,
не можем простить себе, что спрятали, развинтили,
кто теперь иакову любимого родит сына,

кто с кувшином колодезной, серебристой
подбежит к нему — мальчишка, босяк — и жажду
утолит в два счета щедростью ассирийской,
как на ташкентском зное? во время войны однажды

мы встретились и в сталинабад сбежали,
дед торговал, чемоданы клеил,
дочь родилась, жили вдоволь, девочка наша, ляля
любила книги, без запинки могла лорелею

прочесть, но потекла заколдованная по трубам,
дочка, река ли, кого сладкогласая ловит,
вчера ходили проведать, и камешков черным нимбом
выложили гранитное изголовье.

никого не осталось в мире, телефонная сдохла трубка,
стеклянный шкаф, кренясь, зарастает пылью,

куда улетела без крыльев своих голубка,
когда разметало в клочья шатер рахили.

практика

саше стесину

я осторожно шел по переходу,
толкал больничную каталку,
чуть вогнутую в середине,
напоминавшую скорее лодку,
построенную из прогнивших досок,
чем средство перевозки с этажа
в подвал и дальше.

на этой лодке плыл, перемещаясь
из точки А туда, где истончалась
любая точка в белое ничто,
плыл человек...
когда каталка вздрагивала, мне
казалось, он сейчас проснется,
потянется и спросит *как тебя
зовут* и *где живешь* и *кто
твои родители,* а я
ответить не сумею.
но он лежал, в себя вжимаясь,
ему хватало самого себя.
под насыпью простынной
в клубок свернулось время —
река исчезла, обнажилось дно.
я становился
свидетелем большого замиренья:
весь человек *осуществился,* то есть
преодолел разлад с самим собой,
и в этом единеньи находил
покой, и не болело то, что мы
назвали бы *душа,* наоборот,
она как будто породнилась с телом,
как в детстве — заодно с тобой
весь мир, и ты неотделим
от воздуха, воды, земли, деревьев,
и все, что было, все еще случится,
и все уже случилось насовсем...

я вез его, как если б нес ведро
с водой, не расплескать бы только.

продолженный снимок

одна уходит на реку, другая
на *смене* мчится следом, догоняя.

съезжает вниз и трижды окликает
идущую — идущая не знает,

зачем пришла сюда, не слышит зова,
не обернется даже с подвесного,

на берег *тот* ведущего настила,
как будто так всю жизнь и проходила,

попутно оставляя платьев шелест
на клавишах, висящих над и через.

рибе, ютландия

к.

в этом городе страшно остаться
одному в рукаве переулка.
говорят, здесь уродина-жаба
превратилась в девицу под утро.

а еще говорят, что в соборе
выдавали сегодня ворону
за варяга — тряслась колокольня
и качались синюшные клены.

и метались на привязи лодки,
порываясь уплыть от причала,
и смотрели туристы в бинокли,
как русалочка в небе летала.

св. кевин и дрозды

г. кружкову

налить воды в наперсток,
увидеть колокол,
утробу и язык,
сейчас родится звон
малиново-брусничный,
и лопнет тишины надутая щека;
увидеть келью:
кевин на коленях
сто́ит и руки распростер,
ладони к облакам повернуты,
а в чашечках ладоней
дрозды вьют гнёзда,
и принимают пальцы за червей,
доклевывая до сухого мяса,
деревенеют руки.
теперь он — перекладина креста,
он — труженик спасательной команды,
застрявший в паутине вечной жизни —
работай, сердце, без возврата.
как ветвь, он будет длиться за
оконце кельи —
к исчезновенью самого себя
в молчаньи древесины,
пока птенцы ирландского дрозда
не оперятся и не улетят.

* * *

не жалуйся на одиночество,
на медленность и умирание,
есть в облаках такое зодчество,
которое — почти отечество
для всех живущих. до свидания,

до нового, до надсловесного,
простейшего и столь же зыбкого,
как эта дрожь ствола древесного,
как трепет листьев подмороженных,
вдруг охвативший даль окрестную.

таруса

человек в холодном плаще
похож на могильный камень,
покрытый обрывками слов, цифирью,
оплаканный и забытый камень
над окой, на задворках церкви...
он сидит на скамейке в городском сквере,
рядом дремлет тощая собака.
внизу течет река, на берегу лежат лодки,
их давно не спускали нá воду.
облака плывут от алексина.
изредка припускает дождик.
я подхожу к нему и спрашиваю
где краеведческий, он смотрит
на меня, не замечая, как будто смотрит
сквозь поредевший осенний лес
на полосу дороги, вернее, туда,
где прежде была дорога, а теперь —
две непролазные, раскисшие колеи, —
потом выуживает из кармана фляжку,
отпивает из нее, морщится,
отирает губы рукавом плаща
и отвечает тихо, беззвучно почти —
                              на энгельса.

рождество

тютчевский грунт сиротеет,
черный во мне вечереет.

вытаял снег возле рощи,
веток случайные мощи.

книгу откроешь — рожденье
мальчика, света стяжанье,

ясли, волы, звездочеты,
елка обложена ватой.

ходит по комнате мерно
тихая женщина в черном.

знает ли, чьими устами
пить увядание в доме,

роза в надтреснутой кадке,
муза в поломанной лодке?

тюрьма в техасе

не балаклава горит на воре,
балахон залоснился от наледи.
поверка. — есть джэнсон?
— ну, есть.
— не *ну*, а *да, сэр*.
— *да, сэр.*
— сегодня метешь тротуар.
— но ветер достал.
— разговоры...
— *да, сэр...*
напляшется джэнсон с метлой,
мы и сами продрогли
стоять на ветру —
леденящий, разнузданный.
— поедем на юг? — ну, поедем...
шершавые, гнутые люди.
какие есть сукины дети.

* * *

просыпаешься — новый год,
хмарь окрестная, шаткий слог,
хмарь от хмари дурных пого́д,
был бы лед, но растаял лед.

так, ни то и ни се — судьба,
два-три градуса выше нуля,
выше, ниже вороний лет...
оказался он тесноват,

этот хвойный, на вырост, вдох,
этот ствольный как будто мех,
тихий дым из кривой трубы,
весь достойный своей судьбы.

сосед забивает гвоздь

1.

сосед забивает гвоздь.
пьяная ругань —
мое *с-чего-начинается-ро*,
фамильное в крапину серебро;
гвоздь изувечен,
к шляпке ведет острие.

мать кипятит молоко,
отец по делам в ашхабаде,
снимок оттуда,
верхом на верблюде,
та страна — все еще широка...
на дворе — непременное
взятие снежного городка
восьмилетним солдатом.
оловянное время,
куда ты?

2.

один скалит зубы:
в советском союзе
гвоздь забивает тебя
по самую плешь,
другой говорит:
гвозди бы делать
из этих гвоздей.

узнаю, узнаю, принимаю —
хохма родная б/у.

3.

чего вы хотите
от черного хлеба?

от черных гормонов
взросления
тошнит до сих пор.
оставьте меня,
отвяжи́тесь,
сосед не вернется:
уехал в калугу,
разбился
об лед
на улице ци-
олковского.

летает теперь где-то рядом
в скафандре из мокрого снега.

*   *   *

кто говорит из ничего,
еще не став золой,
кто выпадает из судьбы,
холодной, нежилой.

кто выздоравливает вспять
и требует не слов,
а местности, где сладко быть,
себя преодолев,

тот начинает из себя,
и говорит не вслух,
но голосом, который спит
на сомкнутых губах.

тот превратился в эхолот
и первым взял замер
под музыку, которой след
вмерзает в лед озер,

тот утром скажет про себя:
земля, ты мне сестра,
расслышит всплеск, увидит свет
и выгорит дотла.

тихая жизнь

и.

когда войдешь с мороза в комнату
из щиплющего веки холода,
ища покоя ртом обветренным,
когда войдешь в нагретую.

присядешь на диване с краешку
и яблоко надкусишь... нравится,
стеклянными играя бусами,
тебе — надкусывать, надкусывать.

так и сидишь, пока, безгласую,
не изведет ребенок ласкою
ревнивой, не вдаваясь в тонкости
негромкости твоей и робости.

восьмистишия

1.

разговор весла с волной —
рыжей, хлебною, ржаной.
хлипкое жнивье канала.
лодка на волне хромала.

лодка, пущенная вскачь,
лопасть весельную прячь
в слове — росчерк незабвен
утлой жизни, давшей крен.

2.

услышать в себе одинокого
крапивное семя нытья
и выйти — в некрасово, блоково
предместье трухи и репья.

домишки сшиваются в кляузу
на желтый в садах перегной,
и тянет, как лодочник, паузу
фонарь у аптеки ночной.

3.

я ждал на платформе нескорого,
воскресного поезда — зря,
в компании нежно-веселого
пьянчуги с лицом упыря.

узнал эмигранта по почерку
вином подведенной улыбки.
он хвастался умницей-дочерью,
играющей баха на скрипке.

4.

асфальт легчайшей выслащен пудрой.
на футбольном играют поле
мальчики в мяч бесшумный,
и поезд с открытым забралом мчится

на заснеженный полустанок.
в тамбуре сыро от слякоти,
нанесенной подошвами. к поручню
подвздошием прижимаюсь.

5.

я чайною гущей пропах,
и мысли, как мухи, вразброд.
день кончен, когда в потрохах
родник изможления бьет,

воды горьковатый помол...
ну что ж, проживу как-нибудь...
а если он просто щегол,
как в клетку, посаженный в грудь?

6.

сын в ванне ненасытно плещется,
высвистывая по-щегольи
английские слова летящие,
неправильный глагол глаголя.

безумец, он родным перечит,
даже когда под одеяло
скользнет, увязнув в русской речи —
о что так мама мыла мало!

день города

свод зонтов, сухая кладка плеч.
надо в тир, сын клянчит, забежать.
хочет он на черную налечь
стойку и приклад к щеке прижать.

эта нежность к дереву, скобой
схваченному, холодок скобы;
вызывать распластанный на бой
лик бумажный доблестью стрельбы.

эта жадность детства — метить в нимб,
задыхаясь и держа наклон.
вот тебе опора, павший рим,
и тебе, песчаный илион.

но не будет сильным, из ружья
мажет ахилленок в молоко,
и мишени рваные края
кипятит дробинами легко.

да и некого здесь прикрывать
от огня в бумажном блиндаже;
мир — слоист, одна ложится рать
на другую, чтоб не встать уже.

как здесь тесно дышится, герой.
брось ружье на стойку, нам пора.
трое не отстроиться второй,
а другая кончилась вчера.

у моря

как ртом ловимый невпопад,
потекший вдруг брикет пломбирный,
приезжего рассеян взгляд
в прохладной лавке сувенирной.

он в общем-то случайно здесь
остановился, скуки ради,
он свой проводит отпуск весь
на пляже и на променаде.

довольный отдыхом, одной
пресыщен ленью в рыхлой плоти,
он тихо давится слюной
в послеобеденной икоте.

и не шевелится душа,
и не томит тоскою вещей,
когда он вертит не спеша
подарки и на память вещи,

когда кладет в пустой пакет
модель бостонского трамвая,
и щурится на белый свет,
дверь за собой не закрывая.

школьный театр. ревизор

память выхватывает
в тусклом, актовом свете — волоокую
девочку и его, долговязого страстотерпца.
она, с выражением — *что это там полетело, сорока
или какая другая птица?*

обращаясь к мальчику-хлестакову,
жеманится, обживая роль, но костра
не разведешь с этим олухом, нерасскованной
речью его... не клеится их игра.
она замолкает, он тушуется подростково,

и, наклонившись, застывает в позе
вертера... она продолжает *я не понимаю
любовь... я никогда и не знала, что за
любовь...* он истекает по́том, поднимает
руку, чтобы обнять ее. она щурит глаза,

отодвигая стул. он придвигает резко
свой, думает *если бы прямо сейчас сбежать
на улицу, в снег...* она повторяет *...какая другая птица?*
всю ее свежесть, как бабочку, сжать
хочет — в горсти своего сердца.

наливает воды из графина. пьет,
запрокинув голову. несколько капель
падают на панталоны. он отирает пот
сложенным вдвое платком. *куда вы
удаляетесь всё?* — он шепчет. руки его дрожат.

от бессилья он плачет почти. свеча
на столе догорает. вербы сухая ветка
в пустом графине...
                         он роняет нечаянно
влажный платок, и вдруг забывает себя, и крепко
обнимает ее, и целует ее в плечо.

пальцем барабанить по стеклу,
уловляя скользкий этот шелк
убываний воздуха во мглу,
отдавать невидимому долг.

шерстяных не хватит свитеров,
чтоб унять сквозящий приговор
к горлу подступивших холодов,
горький иней по краям озер.

ветер — остр, волчонком смотрит лес,
на́ сердце — несброшенный балласт.
и такая музыка окрест,
незатейлива, как *бог подаст*.

* * *

я намертво врос в желтый глаз янтаря,
чтоб раньше, чем море, ослепнуть,
как черная муха, упавшая в мед,
к предвечному меду прилипнуть.

не весь я исчезну — хотя бы чуть-чуть
останусь, наверное, после
на воле студеной, где тянется ртуть
к земле в глубочайшую осень,

в которую, если совсем замолчать,
загнуться от прели подкожной,
то с черной изнанки увидеть печать
немыслимой кротости можно.

дождь все пожирает — и радость, и твердь
отдельно-несчастной державы...
нет, лучше, как белая птица, лететь
над римом и морем картавым.

я место найду, пусть остаточных мест
не будет в небесной подсобке,
а с дерева падает, падает лист,
последний в намеченной стопке.

переводчик

есть честное время, когда доводить до ума
чужие напевы немыслимых стоит усилий.
посмотришь в окно и увидишь — вот взлобье холма
изъедено снежною пылью.

как *быть*, если быть невозможно собой? до трухи
себя измолов в переводе с чужого на хлесткий,
на что ты, алхимик, надеешься с красной строки,
когда попадаешь опять в подголоски?

присыпанный за ночь, белесый раскрыт окоем,
как чистый листок, тревожно-пустой и целинный.
скажи, наконец, себе правду, что ты — это он,
и выйди во двор, и почувствуй промерзлую глину.

СОДЕРЖАНИЕ